AF259583

PLAINTE
EN FORFAITURE

CONTRE

MM. BERTHELIN, Président;

DE FAGET DE BAURE, Conseiller;

DUBOIS, Conseiller;

SAUNAC, Conseiller;

BONNEVILLE DE MARSANGY, Conseiller.

PLAINTE EN FORFAITURE

CONTRE

MM. BERTHELIN, président;

DE FAGET DE BAURE, conseiller;

DUBOIS, conseiller;

SAUNAC, conseiller;

BONNEVILLE DE MARSANGY, conseiller.

A Son Excellence le Ministre de la Justice

MONSIEUR LE MINISTRE,

En butte à une persécution organisée contre moi par la magistrature de Paris, je suis à bout de patience !

Je n'avais pas hésité cependant à faire taire mes ressentiments légitimes devant un intérêt supérieur, la question politique : j'avais, en conséquence, demandé la remise à quatre semaines des trois procès suivants engagés devant la chambre des appels :

1º Avec M. Berthelin et les chambres réunies de la cour ;

2º Avec M. Chaix d'Est-Ange, ancien procureur général ;

3º Avec l'expert Monginot.

Ces trois procès ont tous la même cause : les faux commis par l'expert Monginot, dont je ne puis, depuis dix ans, obtenir la vérification !

Le parquet de Paris, représenté par le procureur général, M. Grandperret, ne s'est pas inspiré des mêmes préoccupations, il a voulu le débat immédiatement; ce débat s'est engagé samedi 23. il continuera jeudi 28 et mercredi 4 mai! Et pourquoi cette exigence? Parce que le procureur général redoute la loi sur le jury! Il prévoit que devant cette juridiction il ne pourrait s'opposer à une vérification qu'il repousse avec acharnement!

Cette attitude m'impose l'obligation de prendre, sans délai, les mesures qui doivent me protéger contre de nouvelles iniquités.

Pour ce motif, je porte à Votre Excellence une plainte en forfaiture contre les membres composant la chambre d'accusation pendant l'année judiciaire 1868-1869.

Cette chambre était alors composée comme suit :

> MM. BERTHELIN, président;
> DE FAGET DE BAURE. conseiller;
> DUBOIS, conseiller;
> SAUNAC, conseiller;
> BONNEVILLE DE MARSANGY, conseiller.

J'accuse ces magistrats d'avoir rendu, le 23 juillet 1869, un arrêt par faveur pour l'expert Monginot et par inimitié contre moi! Ces sentiments constituent la FORFAITURE, aux termes de l'article 183 du Code pénal, crime puni de la dégradation.

Par cet arrêt, ces magistrats, pour me nuire, ont volontairement méconnu la vérité la plus éclatante. J'expose les faits :

§

Par jugement en date du 11 juillet, et par arrêt du 29 août 1861, je fus condamné à cinq ans de prison! Ces condamnations avaient pour unique fondement le rapport de l'expert Monginot; l'arrêt du 29 août fut cassé, et, bientôt après, la cour de Douai, le 21 avril 1862, constatait ma probité, en déclarant qu'aucun blâme ne pouvait être imputé à mes actes. Le ministre de la justice s'étant pourvu *en dehors des délais légaux*, et, sans que je sois appelé à me défendre, l'arrêt réparateur de la cour de Douai fut anéanti par la cour de cassation le 28 juin 1862, uniquement, il est vrai, dans l'intérêt de la loi :

Contrairement à toutes les règles du droit et de la justice, l'arrêt de la cour suprême auquel j'étais resté complétement étranger et dont le caractère était purement doctrinal, n'a cessé de m'être opposé dans tous les procès civils, commerciaux et criminels. Jamais les tribunaux n'ont fait obstacle à la production illégale de cette décision, méchamment dirigée contre mon honneur et mes intérêts, et se substituant arbitrairement à la décision de la cour de Douai !

Pour me frapper, la cour de cassation, comme le tribunal correctionnel et la cour de Paris, a puisé ses motifs dans les allégations de l'expert Monginot ; ces allégations consistent à soutenir que la Caisse des chemins de fer, dont j'étais le gérant, a réalisé un bénéfice de 2,007,993 fr. sur la vente de titres appartenant aux clients, titres remis en comptes courants contre avances.

J'ai vainement protesté partout et toujours contre ces fausses allégations de l'expert Monginot, allégations radicalement mensongères, et devant toutes les juridictions, j'en ai vainement demandé la vérification contradictoire.

Enfin, fatigué des résistances implacables opposées à cette vérification, j'ai porté, le 18 janvier 1869, une plainte en faux contre l'expert Monginot.

§

C'est à l'occasion de cette plainte qu'a été commise la forfaiture que je dénonce à Votre Excellence.

Afin d'établir la fausseté de l'expertise Monginot, j'avais demandé une vérification contradictoire de cette expertise. Le 23 juillet 1869, la chambre d'accusation, saisie de ma plainte, ne s'est pas contentée de repousser tout examen, elle a osé plus encore, elle a audacieusement nié les ventes mensongères qui s'étalent au nombre de 830 dans l'annexe de l'expertise Monginot !

Voici des extraits de cet arrêt :

Que Mirès allègue que dans la pièce dite annexe principale, qu'il produit et qui est émanée de Monginot, ce dernier, appelé comme expert à vérifier les faits sur lesquels se basait le ministère public pour inculper Mirès d'escroquerie, aurait, contrairement à la vérité, constaté que les valeurs remises en nantissement à la Caisse des chemins de fer par les clients, en comptes courants, auraient été vendues à des époques relevées en ladite annexe, tandis qu'en réalité, à ces époques les livres de la Société, qu'avait à consulter l'expert, énonçaient uniquement que les valeurs étaient, auxdits livres, portées comme sorties, et que Mirès en conclut qu'en produisant ce constat mensonger, Monginot aurait à chaque article relatif à chacun des trois cent trente-trois clients dont s'agit, commis un faux ;

Mais considérant *que l'annexe même que produit Mirès et qu'il invoque, contredit matériellement les allégations de la plainte ;*

Qu'en effet, *dans ce document, il n'est pas dit un mot de la vente des valeurs susdites, et qu'au contraire il n'est relevé que le fait de la sortie* desdites valeurs et la date de cette sortie ;

Qu'il suit qu'*il ne se rencontre, ni dans l'annexe ni dans le rapport l'altération volontaire de la vérité, qui est l'un des caractères constitutifs du crime de faux.*

Il est constant que cet arrêt contient un mensonge impudent et intéressé ! Donc la forfaiture est flagrante !

Veuillez le remarquer, monsieur le ministre, les termes de cet arrêt me plaçaient devant l'opinion dans la situation d'un homme qui accuse déloyalement un expert de faux ! Heureusement la loi, en ordonnant aux tribunaux de motiver leurs jugements, a voulu que les motifs de toutes décisions judiciaires pussent être attaqués ou discutés.

Fort de ce droit, j'ai opposé, aux termes de l'arrêt du 23 juillet 1869 qui nie les ventes inscrites dans l'expertise, le jugement du 11 juillet et l'arrêt du 29 août 1861, qui affirment ces ventes dans les termes suivants :

Attendu qu'en 1856, 1857, 1858 et 1859, des clients de la Caisse générale des chemins de fer, au nombre de trois cent trente-trois, ont remis à Mirès et à Solar, gérants de ladite Caisse, en nantissement d'avances à eux faites en compte courant, des titres au porteur de nature et d'origine diverses ;

Attendu que la majeure partie de ces titres a été *vendue* par les gérants à des époques très rapprochées de leur dation en nantissement, sans consentement ni mise en demeure des clients ;

Que cette *vente*, faite à de hauts cours, et *qui a produit une somme de plus de dix millions de francs*, a été dissimulée aux clients.

Pour démontrer plus clairement le bien fondé de ma plainte en faux contre l'expert Monginot, j'ai signalé les termes suivants de l'arrêt de la cour de cassation rendu dans l'intérêt de la loi :

Attendu que ces titres ayant été vendus à des cours plus élevés, la vente qui en était faite à des cours en baisse faisait acquérir à la Caisse toute la différence appartenant aux clients entre les prix réels et les prix fictifs.

Or, ces allégations, puisées dans l'expertise Monginot, étant fausses, toutes les décisions rendues sont par suite entachées du même vice originel !

Ainsi, pendant que les tribunaux de Paris m'ont frappé pour les prétendues ventes alléguées par Monginot, la chambre d'accusation osait soutenir, le 23 juillet 1869, que ces ventes n'étaient pas mentionnées dans le travail de cet expert ! C'est pour faire constater ces mentions mensongères et scandaleuses que je n'ai cessé de réclamer une contre-expertise ; contre-expertise que la probité la plus vulgaire imposait à la magistrature d'ordonner !

§

En repoussant cette vérification, et en la repoussant par des motifs dont la fausseté ne pouvait leur échapper, les magistrats que je dénonce ont commis une incontestable forfaiture, car ils ont eu ce but évident : sauver Monginot à mes dépens, en affranchissant son travail de tout examen contradictoire. Ces magistrats, et notamment M. Berthelin, peuvent-ils objecter qu'ils se sont trompés de bonne foi ? Cette excuse leur est interdite, je le démontre :

En ce qui concerne M. Berthelin, il assistait en août 1861
M. de Gaujal, lorsque fut prononcée ma condamnation à cinq ans
de prison ; pour justifier cette condamnation, on invoquait préci-
sément les ventes que je n'ai cessé de contester ! Il ne pouvai
donc, en 1869, les nier sans forfaiture !

En ce qui concerne les autres magistrats, ils avaient sous les
yeux les pièces de l'instruction, et voici ce qu'ils y ont lu :

1° Dans les interrogatoires que M. Daniel, juge d'instruction,
fait subir aux clients, on trouve, entre autres, les dépositions sui-
vantes :

M. LELARGE : « J'ai ignoré que mes Autrichiens avaient été ven
dus le jour de mon dépôt au cours de 617 fr. 50. »

M. RABASSE : « J'ai ignoré que mes Sardes avaient été vendus e
1858 et avaient produit 7,525 fr. »

M. TARDY : « C'est aujourd'hui pour la première fois que j'ap
prends que mes valeurs avaient produit 8 à 9,000 fr. »

Il y a plus de trois cents dépositions de témoins toutes ana
logues ; or, ces ventes que le juge d'instruction apprenait au
clients, ce magistrst les a relevées dans l'annexe de l'expert Mon
ginot ! La chambre d'accusation les avait sous les yeux, elle n
pouvait donc les ignorer ! Dès lors, l'arrêt du 23 juillet 1869 ou
trage sciemment la vérité quand il affirme que l'annexe ne d
pas un mot des ventes !

Dans l'annexe, l'expert Monginot donne lui-même à l'arrêt d
23 juillet 1869, un vigoureux démenti ; on lit, en effet, dans
résumé de ce document la phrase qui suit : *Les ventes ont produ*
pour la société un bénéfice de 2,007,993 !

La déloyauté des magistrats n'est-elle pas évidente ? La forfaitu
peut-elle être contestée ?

§

Par leur arrêt inique et essentiellement frauduleux, les magi trats que je dénonce m'ont occasionné le préjudice le plus grave, aussi bien au point de vue matériel qu'au point de vue moral.

En effet, actionné par l'expert Monginot pour dénonciation calomnieuse et pour diffamation, j'ai réclamé de nouveau la vérifi cations des faits ; mais, armés de l'arrêt du 23 juillet 1869, les juges de la sixième chambre, pour favoriser l'expert Monginot et anéantir mes droits, m'ont frappé moralement et matériellement :

1° Pour nuire à mon honneur, ces juges ont dit que l'arrêt du 23 juillet 1869, en déclarant fausses mes allégations, constituait contre moi la chose jugée et m'interdisait tout recours, toute espérance de réparation morale !

2° Pour compromettre mes intérêts, ces juges ont dit encore, que ce même arrêt du 23 juillet 1869, en niant les ventes portées dans l'annexe, en attestant ainsi la fausseté de mes accusations contre l'expert Monginot, voulait que je fusse condamné ! Par suite, la sixième chambre m'a déclaré atteint et convaincu d'avoir faussement et sans droit dénoncé l'expert Monginot !... Pour ce, je suis condamné à deux mois de prison, à l'amende et à 25,000 fr. de dommages-intérêts au profit de cet expert !

§

Tous ces faits révoltants doivent avoir un terme ; il n'est pas possible qu'en pleine civilisation et sous un gouvernement honnête, le crime marche le front levé au cœur même du corps judiciaire, dont le devoir est de le réprimer ! Vous reconnaîtrez, monsieur le ministre, qu'il est indispensable qu'un examen rigoureux apprenne aux magistrats qu'ils ne peuvent impunément se faire un jeu de leur mission si haute et si respectable !

En conséquence, et conformément à l'article 183 du Code pénal et de l'article 485 du Code d'instruction criminelle, j'ai l'honneur, monsieur le ministre, de déposer entre vos mains ma plainte en forfaiture contre :

MM. Berthelin, président;
de Faget de Baure, conseiller,
Dubois, conseiller.
Saunac, conseiller;
Bonneville de Marsangy, conseiller;

Sachant que parmi les quatre conseillers il en est qui ont opposé une honorable résistance à l'arrêt dénoncé, vous jugerez peut-être utile d'ordonner une enquête qui serait de nature à amener l'exonération des conseillers composant la minorité.

Je déclare me porter partie civile et je réclame de votre justice que vous donniez à ma plainte la suite indiquée aux articles 486 suivants du code d'instruction criminelle.

Veuillez agréer, monsieur le ministre, l'expression des sentiments respectueux de votre très humble et très obéissant serviteur.

J. MIRÈS.

Paris, le 28 avril 1870.

Paris. — Imprimerie A. VALLÉE, 16, rue du Croissant.

111

www.ingramcontent.com/pod-product-compliance
Lightning Source LLC
Chambersburg PA
CBHW051314050726
47595CB00008B/3537